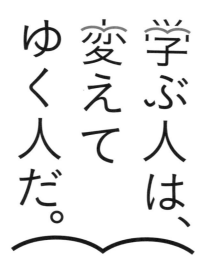

学ぶ人は、
変えて
ゆく人だ。

目の前にある問題はもちろん、

人生の問いや、

社会の課題を自ら見つけ、

挑み続けるために、人は学ぶ。

「学び」で、

少しずつ世界は変えてゆける。

いつでも、どこでも、誰でも、

学ぶことができる世の中へ。

旺文社

JN050850

小学生のための 英語練習帳 1
アルファベット［改訂版］

もくじ

この本の特長と使い方

1 アルファベットの大文字

ここではA〜Zまでの大文字を学習するよ。文字の形やアルファベット順についてのクイズやゲームをやってみよう。1文字ずつ書く練習はアルファベット順ではなく，形や書き方がにた文字ごとに少しずつ学習するよ。

音声の内容：それぞれのページで指示があるので，それにしたがってね。

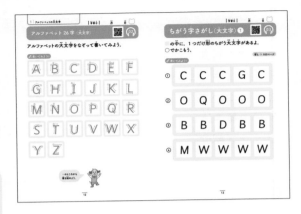

2 アルファベットの小文字

ここではa〜zまでの小文字を学習するよ。大文字と同じように，文字の形やアルファベット順についてのクイズやゲームがたくさんあるよ。そのあとで1文字ずつ書く練習もしよう。音声を聞きながら学習してね。

音声の内容：それぞれのページで指示があるので，それにしたがってね。

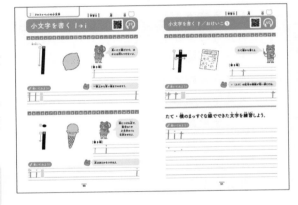

3 アルファベットのちがい

ここでは1・2で学んだアルファベットを復習するよ。ちがう文字なのに形がにていたり，大文字と小文字のペアなのに形がにていなかったり，まぎらわしい文字がたくさんあるから整理しておこう。

音声の内容：それぞれのページで指示があるので，それにしたがってね。

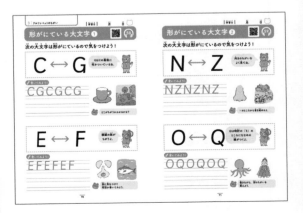

ここでは英語の文字が単語の中でどんな読み方になるのかを単語の例とともに学ぶよ。読み方をのせているけれど，実際の読み方は音声をお手本にしてね。

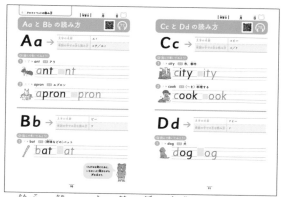

音声の内容 🎧 文字の名前→単語の中での読み方①と単語→単語の中での読み方②と単語※

※単語の中での読み方の数は文字によってちがうよ

いっしょに学ぶ仲間たち

くまのすけ先生
英語を教えて20年の大ベテラン。やさしく，おもしろく教えることがモットー。丸めがねがお気に入り。

マナブくん
くまのすけ先生の教え子。先生と英語学習を始めてから英語が大好きに。体を動かすことも好き。

監修者よりおうちの方へ

英語の文字は，大文字と小文字を合わせても，わずか52文字しかありません。町中にもあふれていて見慣れてはいますが，きちんと身につけるのは意外と大変なものです。文字の形や読み方を知り，書き方も覚えなくてはなりません。

この本の特長は，英語の祖国であるイギリスにおける文字指導を参考にしたことです。保護者の皆さんの中には，「AからZ，aからzまで繰り返し何度も書くだけ」といった指導を受けられた方も多いだろうと思います。この本では，英国の指導法を採り入れ，退屈しないで英語の文字の形に慣れ，また，書きやすく読みやすい文字が身につけられるよう，さまざまな工夫をしました。英語の文字を書くときの腕や指の動きは，日本語のときとは異なります。同じ動きで書ける文字をまとめて練習するようにしたのも，統一感のある文字が書けるようにするための配慮です。

お子様といっしょに，文字を書く楽しみを共有していただければ幸いです。

英語の文字について

アルファベットとは

アルファベットというのは英語で使われる文字全体のことなんだ。英語の文字は全部で52文字。A〜Zまでの大文字とa〜zまでの小文字がそれぞれ26文字ずつあるんだ。順番，形のちがいをしっかり覚えよう！

大文字→ Aa ←小文字

文字の形

英語にはいんさつで使う文字と手書き文字で，字の形がちがうものがあるから気をつけよう。いんさつ用の文字にあるかざりの「ヒゲ」は，手書き文字のときにはいらなくなるよ。

	とくに形がちがうもの	ヒゲのあるなし
いんさつ用の文字	a g	E H V X f j l m s w など
手書き文字	a g	E H V X f j l m s w など

アルファベットの書き順

英語の文字には，「ぜったいに正しい」という書き順はないんだ。でも，書きやすい書き順や，読みまちがえられにくい書き順はあるよ。この本では，そんな書き順をしょうかいするので，しっかり覚えていこう。

音声について

左の音声マークがある箇所は音声が収録されています。マークに示された数字はトラック番号を表します。音声は，二次元コード，アプリ，サイトから無料で聞くことができますので，学習環境に合わせてご利用ください。

公式アプリ「英語の友」（iOS/Android）で聞く

① 「英語の友」公式サイトよりアプリをインストール
（右の二次元コードから読み込めます）

https://eigonotomo.com/

② ライブラリより『小学生のための英語練習帳1 アルファベット[改訂版]』を選び，「追加」ボタンをタップ

※本アプリの機能の一部は有料ですが，本書の音声は無料でお聞きいただけます。
※詳しいご利用方法は「英語の友」公式サイト，またはアプリ内のヘルプをご参照ください。
※本サービスは予告なく終了することがあります。

二次元コードで聞く

各ページのマーク横の二次元コードをスマートフォン・タブレットで読み取ってください。

音声サイトを利用する

下記の専用サイトにアクセスし，お使いの書籍を選択してください。

https://service.obunsha.co.jp/tokuten/eigoren/

ダウンロードまたはストリーミングで音声を再生できます。

※ダウンロードについて：音声ファイルはMP3形式です。ZIP形式で圧縮されていますので，解凍（展開）して，MP3を再生できるデジタルオーディオプレーヤーなどでご活用ください。解凍（展開）せずに利用されると，ご使用の機器やソフトウェアにファイルが認識されないことがあります。デジタルオーディオプレーヤーなどの機器への音声ファイルの転送方法は，各製品の取り扱い説明書などをご覧ください。
※スマートフォンやタブレットでは音声をダウンロードできません。
※音声を再生する際の通信料にご注意ください。
※ご使用機器，音声再生ソフトなどに関する技術的なご質問は，ハードメーカーもしくはソフトメーカーにお願いします。
※本サービスは予告なく終了することがあります。

英語の書き方

4本の線

右のような4本線を使って英語の文字を書く練習をしよう。上から3つ目の線は基本となる線。目立つように青くしてあるよ。

アルファベットの書き方

① 青い線（3の線）を地面の高さだとすると，青い線のすぐ上の線（2の線）との間に入る文字は**1階だて**，一番上の線（1の線）との間に入る文字は**2階だて**，という感じだね。2の線と4の線の間に書く文字は**地下1階付き**ということになるよ。

② **大文字**は全部2階だての文字。つまり，1と3の線の間に書くんだ。

③ **小文字**は文字によってちがうよ。iとjとtの3つは例外だけど，ほかの文字はこの3種類のどれかになるよ。

❶ **1階だての文字**
青い線とすぐ上の線の間に入る

❷ **2階だての文字**
青い線と一番上の線の間に入る

❸ **地下1階付きの文字**
青い線をはさんで，そのすぐ上と下の線の間に入る

④ また，英語の文字を書くときは右のようなことにも注意しよう。

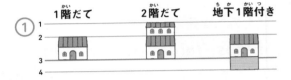

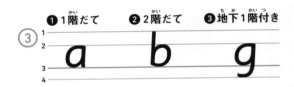

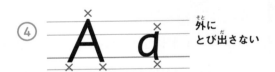

外に
とび出さない

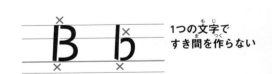

1つの文字で
すき間を作らない

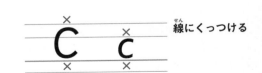

線にくっつける

英語を書くときに気をつけたいポイントがいくつかあるよ。
次のポイントを参考に，正しい英語の書き方を身につけよう！

単語の書き方

単語を書くときは文字と文字の間かくが大事だよ。間かくがつまりすぎたり，
あきすぎたりしないように注意しよう。dog「イヌ」の例を見てみよう。

上のように単語はふつう小文字で書くよ。ただし，人の名前，国名，地名，月，
曜日などは最初の文字を大文字で書き始めるよ。

英文の書き方

英語の文は，単語と単語のかたまりがわかるように書くのがとくちょう。いろい
ろな決まりがあるけれど，とくに大切な決まりには次のようなものがあるよ。

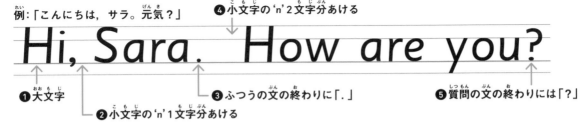

❶ 文の最初の文字は大文字で書く
❷ 単語と単語の間は小文字の‘n’1文字分くらいあける
❸ ふつうの文の終わりにはピリオド（.）をつける
❹ 文と文の間は小文字の‘n’2文字分くらいあける
❺ 質問の文の終わりには「?」をつける

シリーズ紹介

アルファベットの次は,
単語や表現の学習にステップアップ!

小学生で身につけておきたい英語を楽しく学べる

『小学生のための英語練習帳』シリーズ

● 「聞いて」「話して」「書いて」の3ステップで,
「小学校で習う単語・表現」と
「英検® 5級の重要単語・表現」が身につく!

╲╲ B5サイズのドリル〈まねしやすい手書き文字用英文フォント採用の改訂版〉╱╱

小学生のための
英語練習帳 2
英単語400〔改訂版〕

小学生のための
英語練習帳 3
英語の文250〔改訂版〕

● 「ひとまとまりの会話」「ひとまとまりの長文」で,
「場面に合った会話表現」や「文章読解力」を身につけられる!

╲╲ B5サイズのドリル〈CD付き〉╱╱

小学生のための
英語練習帳 4
会話の場面・表現

小学生のための
英語練習帳 5
文章の読解

● たくさんの単語を身につけるにはこちら!
身近なテーマごとにどんどん語いを増やせる単語・熟語集。

╲╲ 持ち歩きやすいポケットサイズ
〈意味をかくせる赤セルシート付き〉╱╱

╲╲ リング付き・オールカラーの
穴あきカード〈700語収録〉╱╱

小学生のための
おぼえる
英単語・熟語1000

小学生のための
おぼえる
英単語・熟語カード

※ 2023年3月現在のラインナップです。

1

アルファベットの
大文字

おうちの方へ

この章では，まず大文字の形・名前とアルファベット順を学習します。ABC...の順番は，辞書を引くさいに必要になるので，しっかり覚えておくとよいでしょう。そのあと，A〜Zまでを1つずつ学習します。さまざまな形でくりかえし英語の文字にふれることで，文字を正しくにんしきしたり書いたりすることができるようになるでしょう。

1章
2章
3章
4章

アルファベット

音声にしたがって，アルファベットを順番に言ってみよう。

Aa → **Bb** → **Cc** → **Dd** →

apple
リンゴ

bag
かばん

cup
カップ

desk
つくえ

Ii → **Jj** → **Kk** → **Ll** →

ice cream
アイスクリーム

jam
ジャム

key
かぎ

lemon
レモン

Qq → **Rr** → **Ss** → **Tt** →

queen
女王

rose
バラ

sofa
ソファー

test
テスト

Yy → **Zz**

yogurt
ヨーグルト

zoo
動物園

→ # Ee → # Ff → # Gg → # Hh

 egg
たまご

 fish
魚

 garden
庭

 hat
ぼうし

→ # Mm → # Nn → # Oo → # Pp

 monkey
サル

 nose
鼻

 octopus
タコ

 pen
ペン

→ # Uu → # Vv → # Ww → # Xx

 unicorn
ユニコーン

 vase
花びん

watch
うで時計

 x-ray
レントゲン

音声につづいて，
1回目はアルファベットだけ，
2回目はアルファベットと単語を
リズムに合わせて言おう。

アルファベット 26 字（大文字）

アルファベットの大文字をなぞって書いてみよう。

✎ 書いてみよう！

● のところから
書き始めよう。

12

ちがう字さがし（大文字）❶

■ の中に，１つだけ形のちがう大文字があるよ。
○でかこもう。

答え → 103ページ

✏書いてみよう！

① C C C G C

② O Q O O O

③ B B D B B

④ M W W W W

ちがう字さがし（大文字）❷

　の中に，1つだけ形のちがう大文字があるよ。
◯でかこもう。

答え → 103ページ

✎ 書いてみよう！

① D D D P D

② U V U U U

③ L L J L L

④ M M M M N

とがった山は2つ
あるかな？
1つだけかな？

ちがう字さがし（大文字）③

の中に，1つだけ形のちがう大文字があるよ。
○でかこもう。

答え → 103ページ

✏書いてみよう！

① E E E E F

② N Z N N N

③ V W W W W

④ P P R P P

たて線の右側にあるのは
半円だけかな？
ほかにも何か
ついているかな？

大文字の順番 ❶

正しいアルファベットの順番になるように，
□の中に入る正しい大文字を 〔 〕 の中から
1つえらんで○でかこもう。

答え → 104ページ

📝 書いてみよう！

① A B □ D 〔 C・E 〕

② I J K □ 〔 R・L 〕

③ Q R □ T 〔 S・F 〕

④ G H □ J 〔 I・Y 〕

⑤ □ L M N 〔 J・K 〕

アルファベットは
ぜんぶで26文字。
AからZまで，決まった
順番でならんでいるよ。

大文字の順番 ❷

正しいアルファベットの順番になるように，
□ の中に入る正しい大文字を 〔 〕 の中から
1 つえらんで ◯ でかこもう。

答え → 104ページ

✏ 書いてみよう！

① E □ G H 〔M・F〕

② U V W □ 〔Y・X〕

③ O P □ R 〔Q・N〕

④ L M N □ 〔U・O〕

⑤ S T U □ 〔Z・V〕

アルファベットの
ならび順のことを，
「アルファベット順」
と言うよ。

大文字の順番 ❸

08

正しいアルファベットの順番になるように，
□の中に入る正しい大文字を〔　〕の中から
１つえらんで○でかこもう。

答え → 104ページ

✏️書いてみよう！

① □ N O P 〔M・A〕

② C □ E F 〔D・G〕

③ □ X Y Z 〔T・W〕

④ H I □ K 〔J・G〕

⑤ □ Q R S 〔B・P〕

まずはAから順番に
言えるように練習してみよう。
なれてきたら，とちゅうからでも
すらすら言えるようにしよう！

大文字の点むすび

A から Z までアルファベット順に点を線でむすんで, 絵を完成させよう。

答え → 104ページ

📝 書いてみよう！

大文字の迷路

スタートからアルファベット順に迷路を進んで，
ゴールまでたどりつこう。

答え → 105ページ

📝 書いてみよう！

≪スタート≫

A	B	G	H	I	J	K	L
D	C	F	Q	P	O	N	M
E	D	E	L	M	P	O	N
F	M	L	K	N	U	V	W
G	H	I	J	O	T	T	W	X
H	S	R	Q	P	S	X	Y
U	T	S	T	Q	R	Y	Z

≪ゴール≫

アルファベットの順番（大文字）

正しいアルファベットの順番になるように，
⬜ からえらんで □ のところを
アルファベットの大文字でうめよう。

✏ 書いてみよう！

答え → 105ページ

A → B → □ → D → □ → F

□ → H → □ → □ → K → L

□ → N → □ → P → □ → R

□ → □ → U → V → □ → X

Y → □

W・O・C・I・Z・E
J・G・Q・M・T・S

学習日　月　日

大文字を書く　L → E

| A | B | C | D | E | F | G | H | I | J | K | L | M | N | O | P | Q | R | S | T | U | V | W | X | Y | Z |

書き出し

① L

上から下りてきた
長いたて線は直角
に曲がるよ。

［書き順］

📝 書いてみよう！

横線はたて線より短くしよう。

① L　L　　　　　　　　　　　　　　　　L

| A | B | C | D | E | F | G | H | I | J | K | L | M | N | O | P | Q | R | S | T | U | V | W | X | Y | Z |

② →
① E
③ →

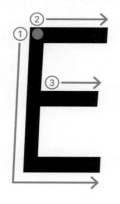

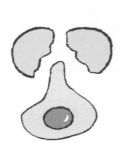

Lを書いてから,
横線を上から2本
書くよ。

［書き順］

L　L　E

📝 書いてみよう！

横線は3本とも同じ長さでいいよ。

② →
① E
③ →

　E　E　　　　　　　　　　E

大文字を書く F → T

A B C D E F G H I J K L M N O P Q R S T U V W X Y Z

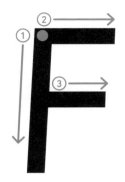

たて線を書いてから，横線を上から2本書くよ。

［書き順］

✏ 書いてみよう！

横線は2本とも同じ長さでいいよ。

A B C D E F G H I J K L M N O P Q R S T U V W X Y Z

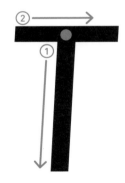

たて線を先に書こう。

［書き順］

✏ 書いてみよう！

横線はたて線のてっぺんを通りすぎるよ。

大文字を書く I→H

A B C D E F G H I J K L M N O P Q R S T U V W X Y Z

上と下に横線をつけて，小文字のlや数字の1と区別するよ。

[書き順]

書いてみよう！

上と下の横線は短く書こう。

A B C D E F G H I J K L M N O P Q R S T U V W X Y Z

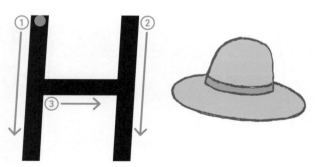

同じ高さのたて線2本を横線でつなげるよ。

[書き順]

書いてみよう！

横線はたて線の真ん中に書こう。

大文字を書く Z→V

A B C D E F G H I J K L M N O P Q R S T U V W X Y Z

①

左上の書き出しから
一筆書きするよ。

[書き順]

✏ 書いてみよう！

2つの角をとがらせて書こう。

① Z Z Z

A B C D E F G H I J K L M N O P Q R S T U V W X Y Z

①

左上の書き出しから
一筆書きするよ。

[書き順]

✏ 書いてみよう！

下をしっかりとがらせよう。

① V V V

大文字を書く W → N

A B C D E F G H I J K L M N O P Q R S T U V W X Y Z

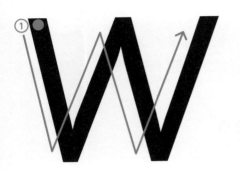

左上の書き出しから
一筆書きするよ。

[書き順]

おわりははじまりの高さまでもどろう。

✏ 書いてみよう！

A B C D E F G H I J K L M N O P Q R S T U V W X Y Z

左のたて線を書いた
あと，書き出しから
2画目を書くよ。

[書き順]

左上のつなぎ目にすきまができないようにね。

✏ 書いてみよう！

大文字を書く　M → X

17

A B C D E F G H I J K L M N O P Q R S T U V W X Y Z

左のたて線を書いたあと，書き出しから2画目を書くよ。

〔書き順〕

✏ 書いてみよう！

左上のつなぎ目にすきまができないようにね。

A B C D E F G H I J K L M N O P Q R S T U V W X Y Z

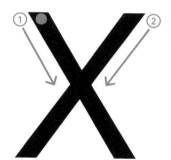

真ん中で交差する形が，少したて長のバツ印みたいだね。

〔書き順〕

✏ 書いてみよう！

2本の線を真ん中で交差させよう。

大文字を書く　Y→K

A B C D E F G H I J K L M N O P Q R S T U V W X Y Z

2画目は右上からななめに書いて，1画目のさいごにつけたあと下にまっすぐのばすよ。

〔書き順〕

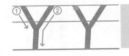書いてみよう！

1画目と2画目は真ん中で出会うよ。

A B C D E F G H I J K L M N O P Q R S T U V W X Y Z

たて線を書いたあと，右側にひらがなの「く」を書くよ。

〔書き順〕

書いてみよう！

「く」の角はたて線の真ん中につくよ。

大文字を書く A／おけいこ ①

19

A B C D E F G H I J K L M N O P Q R S T U V W X Y Z

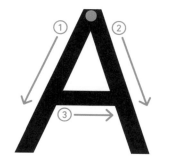

ななめの線を2本書いて，
それを横線でつなぐよ。

[書き順]

 書いてみよう！

てっぺんがはなれないように気をつけよう。

たて・横のまっすぐな線でできた文字を練習しよう。

 書いてみよう！

LEFTIH

おけいこ ②

ななめの線がある文字を練習しよう。

✎ 書いてみよう！

ZVWNM

ななめの線がある文字を練習しよう。

✎ 書いてみよう！

XYKA

大文字を書く D → P

21

A B C D E F G H I J K L M N O P Q R S T U V W X Y Z

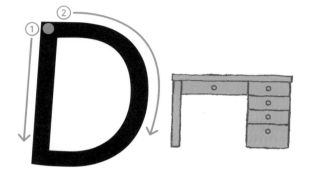

たて線を書いたあと，
丸の右半分を書くよ。

[書き順]

| | D |

✏ 書いてみよう！

 D D

2画目の両はしを1画目にぴったりくっつけよう。

D

A B C D E F G H I J K L M N O P Q R S T U V W X Y Z

たて線を書いたあと，
丸の右半分を小さく書くよ。

[書き順]

| | P |

✏ 書いてみよう！

P P

2画目はたて線の上半分につくよ。

P

大文字を書く R → B

A B C D E F G H I J K L M N O P Q R S T U V W X Y Z

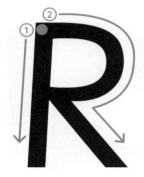

Pを書いたあと，そのまま右ななめ下に線をのばすよ。

[書き順]

R

書いてみよう！

2画目は青い線までのばそう。

R R

R

A B C D E F G H I J K L M N O P Q R S T U V W X Y Z

Pを書いたあと，そのままもう1つ丸の右半分を書くよ。

[書き順]

B

書いてみよう！

2画目はたて線に3回くっつくよ。

B B

B

大文字を書く C → G

A B C D E F G H I J K L M N O P Q R S T U V W X Y Z

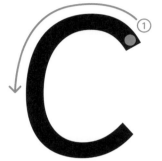

時計 ^{とけい} の「1」あたりから「5」あたりまでぐるっと書 ^か くよ。

〔書 ^か き順 ^{じゅん} 〕

C

 書いてみよう！

 はじまりとおわりがくっつきすぎないようにしよう。

A B C D E F G H I J K L M N O P Q R S T U V W X Y Z

Cに線 ^{せん} をもう1本 ^{ぼん} つけ足 ^た して書 ^か くよ。

〔書 ^か き順 ^{じゅん} 〕

C G

 書いてみよう！

 2画目 ^{かくめ} は⌐（かぎかっこ）ににた形 ^{かたち} だね。

G

大文字を書く O → Q

A B C D E F G H I J K L M N O P Q R S T U V W X Y Z

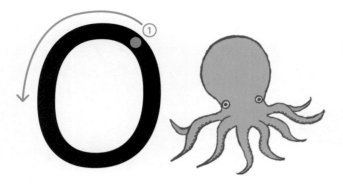

Cの書き出しと
同じところから始めて
1しゅうするよ。

[書き順]

O

✐書いてみよう！

はじめとおわりをぴったりくっつけよう。

A B C D E F G H I J K L M N O P Q R S T U V W X Y Z

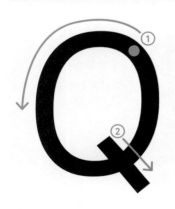

Oになめ下に向かう
短い線をもう1本つけ
足して書くよ。

[書き順]

O Q

✐書いてみよう！

2画目は右下になめに書くよ。

おけいこ ③

時計回りのカーブがある文字を練習しよう。

📝 書いてみよう！

D P R B

反時計回りのカーブがある文字を練習しよう。

📝 書いてみよう！

C G O Q

大文字を書く J→U

A B C D E F G H I J K L M N O P Q R S T U V W X Y Z

ひらがなの「し」と にているけど，向きは ぎゃくになっているね。

［書き順］

📝 書いてみよう！

一番下が青い線にくっつくようにしよう。

A B C D E F G H I J K L M N O P Q R S T U V W X Y Z

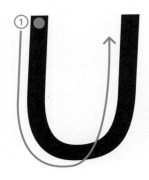

左上の書き出しから 一筆書きするよ。

［書き順］

📝 書いてみよう！

おわりははじまりの高さまでもどろう。

大文字を書く S ／おけいこ ④

27

A B C D E F G H I J K L M N O P Q R S T U V W X Y Z

①

Zの向きをぎゃくにしたような形だね。

［書き順］

S

✏ 書いてみよう！

Zの角を丸くする感じで書こう。

S S

S

そのほかの文字を練習しよう。

✏ 書いてみよう！

J U S

大文字を書く（まとめ）

□ にぴったりおさまるように，A から Z まで書いてみよう。

🖊 書いてみよう！

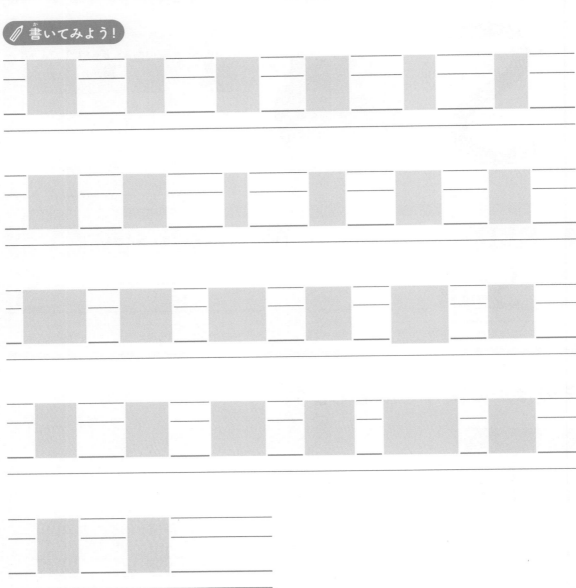

大文字は
全て同じ高さだね。

2

アルファベットの
小文字

おうちの方へ

この章では，大文字と同様に，小文字の形や順番に親しんだあとに，a〜zまでを1つずつ学習します。書き順を示してありますので，まずはそれにしたがって，うすい文字をなぞってみましょう。そのあと，自分で書くことで，それぞれの文字の形を身につけることができます。また，1つ1つの文字の読み方も，音声を聞いてかくにんしましょう。

1章　2章　3章　4章

アルファベット 26 文字（小文字）

🎧29

アルファベットの小文字をなぞって書いてみよう。

✏ 書いてみよう！

● のところから書き始めよう。

ちがう字さがし（小文字）①

の中に，1つだけ形のちがう小文字があるよ。
○でかこもう。

答え → 105ページ

✏️ 書いてみよう！

① a a a a q

② b d b b b

③ f f f t f

④ h n n n n

ちがう字さがし（小文字）❷

31

の中に，1つだけ形のちがう小文字があるよ。
○でかこもう。

答え → 105ページ

🖉 書いてみよう！

① c c c e c

② i j i i i

③ g q g g g

④ b b p b b

たて線が，丸い部分より
上にのびているか，
下にのびているかに
注意しようね。

ちがう字さがし（小文字）❸

　の中に，１つだけ形のちがう小文字があるよ。
○でかこもう。

答え → 106ページ

✏ 書いてみよう！

① n　n　u　n　n

② p　p　p　q　p

③ s　z　s　s　s

④ i　i　l　i　i

たて線の上に，
点がついているものと，
ついていないものがあるね。

小文字の順番 ①

33

正しいアルファベットの順番になるように，
□の中に入る正しい小文字を〔 〕の中から
1つえらんで○でかこもう。

答え → 106ページ

✏ 書いてみよう！

① a □ c d 〔 b・q 〕

② □ g h i 〔 f・m 〕

③ q □ s t 〔 l・r 〕

④ m n o □ 〔 p・t 〕

⑤ u □ w x 〔 v・z 〕

小文字も，大文字と
同じ順番で
ならんでいるよ。

小文字の順番 ❷

正しいアルファベットの順番になるように，
□の中に入る正しい小文字を 〔　〕の中から
1つえらんで○でかこもう。

答え → 106ページ

🖉 書いてみよう！

① e f □ h 〔 g・c 〕

② i □ k l 〔 z・j 〕

③ b c □ e 〔 d・a 〕

④ j k l □ 〔 m・w 〕

⑤ □ o p q 〔 u・n 〕

声に出して読みながら，
順番を覚えていこう。

小文字の順番 ❸

35

正しいアルファベットの順番になるように，
□の中に入る正しい小文字を 〔　〕の中から
1つえらんで○でかこもう。

答え→ 106ページ

✏ 書いてみよう！

① d □ f g 　〔e・o〕

② h i j □ 　〔k・x〕

③ □ m n o 　〔l・h〕

④ r □ t u 　〔s・n〕

⑤ v w x □ 　〔z・y〕

英語の辞書には，
アルファベット順に
言葉がのっているよ。

小文字の点むすび

a から z までアルファベット順に点を線でむすんで,
絵を完成させよう。

答え → 107ページ

学習日 月 日

小文字の迷路

スタートからアルファベット順に迷路をすすんで，
ゴールまでたどりつこう。

答え → 107ページ

書いてみよう！

スタート

a	b	g	h	i	j	k	l
d	c	f	q	p	o	n	m
e	d	e	r	q	p	o	n
f	u	t	s	r	u	v	w
g	h	i	j	s	t	w	x
h	m	l	k	l	u	x	y
o	n	m	n	m	v	y	z

ゴール

アルファベットの順番（小文字）

38

正しいアルファベットの順番になるように，
▢ からえらんで□のところを
アルファベットの小文字でうめよう。

✏ 書いてみよう！

答え → 107ページ

a → ☐ → c → ☐ → e → ☐

g → ☐ → i → j → ☐ → ☐

m → n → o → ☐ → q → ☐

s → t → ☐ → ☐ → w → x

☐ → ☐

f・l・u・h・z・b
d・y・r・k・p・v

小文字を書く l→i

39

a b c d e f g h i j k l m n o p q r s t u v w x y z

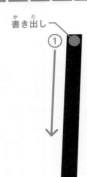
書き出し
①

長いたて線だけで，ほかには何もつけないよ。

［書き順］

書いてみよう！
①

一番上から青い線までのばそう。

---

a b c d e f g h i j k l m n o p q r s t u v w x y z

②

①

頭につける点で，数字の1や小文字のlと区別させるよ。

［書き順］

点はあとからつけるよ。

書いてみよう！
②
①

小文字を書く　†／おけいこ ❶

  40

a b c d e f g h i j k l m n o p q r s t u v w x y z

たて線から書くよ。

[書き順]

🖊 書いてみよう！

 ＋（たす）の記号の横線が短い感じだね。

たて・横のまっすぐな線でできた文字を練習しよう。

🖊 書いてみよう！

小文字を書く z → v

a b c d e f g h i j k l m n o p q r s t u v w x y z

左上の書き出しから
一筆書きするよ。

［書き順］

Z

2つの角をとがらせて書こう。

✏️ 書いてみよう！

Z

a b c d e f g h i j k l m n o p q r s t u v w x y z

左上の書き出しから
一筆書きするよ。

［書き順］

V

下をしっかりとがらせよう。

✏️ 書いてみよう！

V

小文字（こもじ）を書（か）く　w → x

a b c d e f g h i j k l m n o p q r s t u v w x y z

左上（ひだりうえ）の書（か）き出（だ）しから
一筆書（ひとふでが）きするよ。

［書（か）き順（じゅん）］

W

 書（か）いてみよう！

おわりははじまりの高（たか）さまでもどろう。

W W 　　　　　　　　　　　　　　　W

---

a b c d e f g h i j k l m n o p q r s t u v w x y z

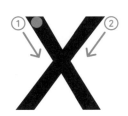

真（ま）ん中（なか）で交差（こうさ）して
いる形（かたち）が，バツ印（じるし）
ににているね。

［書（か）き順（じゅん）］

X

 書（か）いてみよう！

2本（ほん）の線（せん）を真（ま）ん中（なか）で交差（こうさ）させよう。

X X 　　　　　　　　　　　　　　　X

小文字を書く y → k

a b c d e f g h i j k l m n o p q r s t u v w x y z

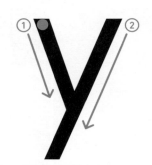

2画目は右上から青い線をつきぬけて，一番下の線までのばそう。

〔書き順〕

書いてみよう！

1画目と2画目が交わらないように気をつけよう。

y y y

a b c d e f g h i j k l m n o p q r s t u v w x y z

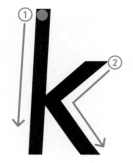

たて線を書いたあと，右側にひらがなの「く」を書くよ。

〔書き順〕

書いてみよう！

「く」はたて線よりも小さく書こう。

k k k

おけいこ ❷

ななめの線がある文字を練習しよう。

✏ 書いてみよう！

z v w x y k

1つずつ文字の名前を
言いながら書いてみよう。

小文字を書く　c → e

a b c d e f g h i j k l m n o p q r s t u v w x y z

時計の「1」あたりから「5」あたりまでぐるっと書くよ。

〔書き順〕

c

📝 書いてみよう！

はじまりとおわりがくっつきすぎないようにしよう。

 C

a b c d e f g h i j k l m n o p q r s t u v w x y z

 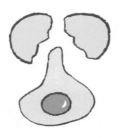 

青い線とすぐ上の線の真ん中から書き始めよう。

〔書き順〕

e

📝 書いてみよう！

短い横線を書いたら，つづけてcを書く感じだよ。

 e

小文字を書く o ／おけいこ ③

a b c d e f g h i j k l m n o p q r s t u v w x y z

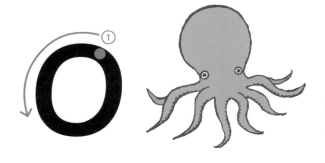

Cの書き出しと同じところから始めて1しゅうするよ。

［書き順］

O

✏️ 書いてみよう！

はじめとおわりをぴったりくっつけよう。

① O O

O

反時計回りのカーブがある文字を練習しよう。

✏️ 書いてみよう！

c e o

学習日 | 月 | 日

小文字を書く a → d

a b c d e f g h i j k l m n o p q r s t u v w x y z

右上の書き出しから丸を
書いたら，向きをかえて
まっすぐ下に線をのばすよ。

〔書き順〕

a

青い線のすぐ上の線から書き始めよう。

✐ 書いてみよう！

 a

a b c d e f g h i j k l m n o p q r s t u v w x y z

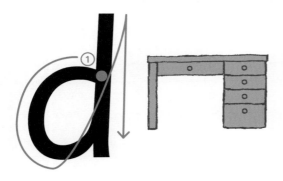

書き出しはaと同じで，
そのまま上までのばした
線をまっすぐおろそう。

〔書き順〕

d

たて線ではなく丸から書き始めるよ。

✐ 書いてみよう！

 d

小文字を書く　q → g

48

a b c d e f g h i j k l m n o p q r s t u v w x y z

aを書いたあと，そのまま青い線を下につきぬけて線をのばすよ。

［書き順］

q

✏ 書いてみよう！

たて線ではなく丸から書き始めるよ。

q

a b c d e f g h i j k l m n o p q r s t u v w x y z

qの最後に，左向きのカーブをつけるよ。

［書き順］

g

✏ 書いてみよう！

カーブを曲げすぎないように気をつけよう。

g

小文字を書く u ／ おけいこ ④　　49

a b c d e f g h i j k l m n o p q r s t u v w x y z

① u

左上の書き出しから
一筆書きするよ。

〔書き順〕

u

✏ 書いてみよう！

右上でしっかりとめてから，おり返そう。

① u u 　　　　　　　　　　　　　　　　u

反時計回りの丸やコブがある文字を練習しよう。

✏ 書いてみよう！

a d d g u

小文字^{こもじ}を書^かく b→p

50

a b c d e f g h i j k l m n o p q r s t u v w x y z

たて線^{せん}の右下^{みぎした}に
丸^{まる}がつくよ。

〔書^かき順^{じゅん}〕

b

✎ 書^かいてみよう！

たて線^{せん}の一番下^{いちばんした}でおり返^{かえ}して，そのまま丸^{まる}を書^かこう。

① b b b

---

a b c d e f g h i j k l m n o p q r s t u v w x y z

たて線^{せん}の右側^{みぎがわ}に
丸^{まる}がつくよ。

〔書^かき順^{じゅん}〕

p

✎ 書^かいてみよう！

たて線^{せん}の一番下^{いちばんした}でおり返^{かえ}して，bの丸^{まる}と同^{おな}じところに丸^{まる}を書^かこう。

① p p p

小文字を書く n → h

51

a b c d e f g h i j k l m n o p q r s t u v w x y z

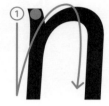

uを上下ぎゃくに
したような形だね。

[書き順]

n

書いてみよう！

さいしょのたて線をとちゅうまでもどり，右にカーブするよ。

 n

---

a b c d e f g h i j k l m n o p q r s t u v w x y z

nの左側の線が
一番上から
始まっている形だね。

[書き順]

h

書いてみよう！

さいしょのたて線をとちゅうまでもどり，右にカーブするよ。

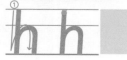 h

小文字を書く　m → r

a b c d e f g h i j k l m n o P q r s t u v w x y z

nが2つつながった
ような形だね。

［書き順（かきじゅん）］

📝 書いてみよう！

nよりも少（すこ）しだけ，はばをせまくして書（か）こう。

a b c d e f g h i j k l m n o P q r s t u v w x y z

nがとちゅうで
とぎれたような形（かたち）だね。

［書き順（かきじゅん）］

📝 書いてみよう！

たて線（せん）をとちゅうまでもどり，短（みじか）く右（みぎ）カーブをつけたそう。

おけいこ ⑤

53

たて線と時計回りの丸がある文字を練習しよう。

✎ 書いてみよう！

b p

時計回りのコブがある文字を練習しよう。

✎ 書いてみよう！

n h m r

小文字を書く s → f

54

a b c d e f g h i j k l m n o p q r s t u v w x y z

zの向きをぎゃくにしたような形だね。

［書き順］

s

📝書いてみよう！

zの角を丸くする感じで書こう。

s s

s

a b c d e f g h i j k l m n o p q r s t u v w x y z

かさの持ち手のようなカーブをつけて書くよ。

［書き順］

f

📝書いてみよう！

横線はあとから書くよ。

f f

f

小文字を書く j ／おけいこ ❻

55

| a | b | c | d | e | f | g | h | i | j | J | k | l | m | n | o | p | q | r | s | t | u | v | w | x | y | z |

1画目は青い線を下に
つきぬけてから，左に
ゆるやかなカーブを書こう。

［書き順］

点はあとからつけるよ。

✏ 書いてみよう！

そのほかの文字を練習しよう。

✏ 書いてみよう！

s f j

小文字の高さ

小文字の高さは4しゅるいあるよ。お手本を見て，
それぞれあてはまるグループのところに書こう。

abcdefghijklmnopqrstuvwxyz

📝 書いてみよう！

① 1階だて

② 2階だて

③ 地下1階付き

④ そのほか

?

> aから順番に
> どのグループに入るか
> 書いていくと
> やりやすいよ。

67

小文字を書く（まとめ）

57

■ にぴったりおさまるように，a から z まで書いてみよう。

✏ 書いてみよう！

小文字は文字の高さや
書き出しの場所が
さまざまだね。

3

アルファベットの
ちがい

4章

3章

2章

1章

形がにている大文字 ①

次の大文字は形がにているので気をつけよう！

GはCの最後に何かついているね。

✏ 書いてみよう！

CGCGCG

どこがちがうかわかるかな？

横線の数がちがうよ。

✏ 書いてみよう！

EFEFEF

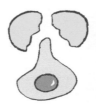

形に気をつけて何回か書いてみよう。

形がにている大文字 ❷

次の大文字は形がにているので気をつけよう！

向きのちがいを
よく見てね。

✏️ 書いてみよう！

● のところから書き始めるよ。

Qは時計の「5」の
ところにななめの
線がつくよ。

✏️ 書いてみよう！

書きながら，形のちがいを
覚えよう。

形がにている大文字 ❸

次の大文字は形がにているので気をつけよう！

P ←→ R

Pはななめの
線がないよ。

書いてみよう！

PRPRPR

どこがちがうかわかるかな？

U ←→ V

Vは一番下が
とがっているね。

書いてみよう！

UVUVUV

形に気をつけて
何回か書いてみよう。

形がにている小文字 ①

次の小文字は形がにているので気をつけよう！

b ⟷ d

たて線のどちら側に丸がついているかな。

書いてみよう！

b d b d b d

● のところから書き始めるよ。

a ⟷ q

qはたて線が下までのびているよ。

書いてみよう！

a q a q a q

書きながら，形のちがいを覚えよう。

形がにている小文字 ❷

次の小文字は形がにているので気をつけよう！

c ⟷ e

eはcに横線が
くっついたような
形だね。

✏️ 書いてみよう！

cecece

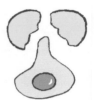

どこがちがうかわかるかな？

f ⟷ t

fはたて線の
上の部分が
曲がっているよ。

✏️ 書いてみよう！

形に気をつけて
何回か書いてみよう。

形がにている小文字 ③

次の小文字は形がにているので気をつけよう！

g ←→ q

gは最後に左カーブがあるけど，qはまっすぐだね。

✏ 書いてみよう！

g q g q g q

 ●のところから書き始めるよ。

h ←→ n

左側のたて線の長さがちがうよ。

✏ 書いてみよう！

h n h n h n

 書きながら，形のちがいを覚えよう。

形がにている小文字 ④

次の小文字は形がにているので気をつけよう！

i ⟷ j

jは下にのびて
左に曲がるよ。

✏ 書いてみよう！

どこがちがうかわかるかな？

i ⟷ l

iはたて線の上に
点があるよ。

✏ 書いてみよう！

形に気をつけて
何回か書いてみよう。

形がにている小文字 ⑤

次の小文字は形がにているので気をつけよう！

たて線のどちら側に丸がついているかな。

📝 書いてみよう！

p q p q p q

 ● のところから書き始めるよ。

書き始めの向きが反対だよ。

📝 書いてみよう！

S Z S Z S Z

 書きながら，形のちがいを覚えよう。

大文字と小文字 ❶

大文字がそのままの形で小さくなった小文字もあれば,
大文字とにていないものもあるよ。
お手本を見て, 大文字のとなりに小文字を書こう。

Aa Bb Cc Dd Ee Ff Gg

Hh Ii Jj Kk Ll Mm Nn

Oo Pp Qq Rr Ss Tt Uu

Vv Ww Xx Yy Zz

✎書いてみよう!

C　O　S　V　W

X　Z

大文字がそのままの形で小さくなっているね。

大文字と小文字 ②

 67

左のページのお手本を見て，
大文字のとなりに小文字を書こう。

✏️ 書いてみよう！

I　J　K　P　U

Y

 大文字と少しだけちがっているよ。
書く位置が下がるものもあるよ。

B　L

 大文字のどこかがなくなっているね。

F　H　T

 大文字のどこかが
つながったものもあるよ。

A　D　E　G　M

N　Q　R

 大文字とはずいぶん
ちがう形になっているよ。

学習日　月　日

大文字と小文字（線でむすぶ）1

68

アルファベットの大文字と小文字がペアになるように，線でむすぼう。

答え → 107ページ

書いてみよう！

O	z
S	o
X	c
C	x
V	s
Z	v
W	w

大文字と小文字（線でむすぶ）❷

アルファベットの大文字と小文字がペアになるように，線でむすぼう。

答え → 108ページ

✏書いてみよう！

P ・　　　・ i

J ・　　　・ p

I ・　　　・ u

Y ・　　　・ j

U ・　　　・ y

K ・　　　・ k

大文字と小文字の形が少しちがっているね。

大文字と小文字 _{おおもじ} _{こもじ} （線でむすぶ）_{せん} ❸

70

アルファベットの大文字 _{おおもじ} と小文字 _{こもじ} がペアになるように，
線でむすぼう。_{せん}

答え → 108ページ _{こた}

 書いてみよう！_か

F ・

B ・

T ・

L ・

H ・

・ t

・ h

・ f

・ b

・ l

小文字には，_{こもじ}
大文字の一部が_{おおもじ} _{いちぶ}
しょうりゃくされて
できたものがあるよ。

大文字と小文字 （線でむすぶ）④

アルファベットの大文字と小文字がペアになるように，線でむすぼう。

答え → 108ページ

 書いてみよう！

A	・		・	q
D	・		・	a
E	・		・	e
G	・		・	d
N	・		・	g
R	・		・	n
Q	・		・	r

大文字と小文字（ペアをえらぶ）①

72

次の①～⑤の大文字とペアになる小文字を，
[　] の中から１つえらんで〇でかこもう。

答え → 108ページ

✐ 書いてみよう！

① D　　[b・d]

② G　　[g・c]

③ N　　[v・n]

④ Q　　[p・q]

⑤ R　　[r・k]

小文字になったとき，
たての線や丸い部分は
どちら向きになるのかを
しっかり覚えておこう！

大文字と小文字 （ペアをえらぶ）❷

次の①〜⑤の小文字とペアになる大文字を，
〔　〕の中から1つえらんで○でかこもう。

答え → 109ページ

✏️書いてみよう！

① *a*　〔A・D〕

② *f*　〔F・T〕

③ *m*　〔M・W〕

④ *h*　〔N・H〕

⑤ *l*　〔I・L〕

大文字と小文字は
かならずペアで
覚えておこうね。

ペアで形がにている大文字と小文字

アルファベットの大文字と小文字の
ペアができるように，□のところをうめよう。

答え → 109ページ

✏書いてみよう！

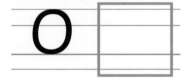
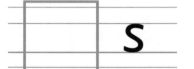

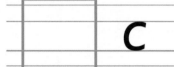

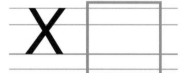

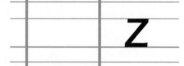
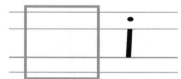
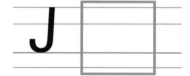

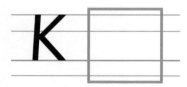

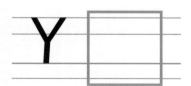

形がにていても，
文字の高さが
ちがうことが多いよ！

ペアで形がにていない大文字と小文字

  75

アルファベットの大文字と小文字の
ペアができるように，□のところをうめよう。

答え → 109ページ

🖉 書いてみよう！

| | a | | B | | d |

| E | | F | | | g |

| | h | | I | M | |

| N | | Q | | | r |

| T | |

書く位置のちがいも
よく覚えておこう！

大文字と小文字の点むすび

76

A → a → B → b…の順に点を線でむすんで,
絵を完成させよう。

答え → 109ページ

✏️ 書いてみよう!

4 アルファベットの読み方

おうちの方へ

この章では，英語の文字が単語の中ではどのように読まれるのか，具体的な単語とともに学習します。単語の中では，それぞれの文字は原則的に文字の名前とはべつの読み方がされます。文字と単語の読み方が音声に入っていますので，まずは音声のまねをして発音してみましょう。そして，お手本のように言えるようになったら，書いてみましょう。書いたものはもう一度声に出して読むとよいでしょう。

4章

3章

2章

1章

| 学習日 | 月 | 日 |

Aa と Bb の読み方

Aa →

文字の名前	エイ
単語の中での主な読み方	エア／エイ

🔊 読んで書いてみよう！

① エア ▶ ant 意味 アリ

 ant ■nt

② エイ ▶ apron 意味 エプロン

 apron ■pron

Bb →

文字の名前	ビー
単語の中での主な読み方	ブ

🔊 読んで書いてみよう！

① ブ ▶ bat 意味 （野球などの）バット

 bat ■at

くちびるを閉じたあと，
いきおいよく開きながら
声を出そう。

Cc と Dd の読み方

Cc →

文字の名前	スイー
単語の中での主な読み方	ス／ク

🔊 読んで書いてみよう！

① ス ▶ city 〔意味〕市，都市

 city　ity

② ク ▶ cook 〔意味〕（〜を）料理する

 cook　ook

Dd →

文字の名前	ディー
単語の中での主な読み方	ド

🔊 読んで書いてみよう！

① ド ▶ dog 〔意味〕犬

 dog　og

Ee と Ff の読み方

Ee →

文字の名前	イー
単語の中での主な読み方	エ／イー

🔊 読んで書いてみよう!

1 エ ▶ elephant 意味 ゾウ

elephant lephant

2 イー ▶ evening 意味 夕方

evening vening

Ff →

文字の名前	エフ
単語の中での主な読み方	フ

🔊 読んで書いてみよう!

1 フ ▶ frog 意味 カエル

frog rog

下くちびるの上の方を,
上の前歯の下に
さわらせておいて
息を出してみよう。

Gg と Hh の読み方

Gg →

文字の名前	ヂー
単語の中での主な読み方	ヂ／グ

🔊 読んで書いてみよう！

① ヂ ▶ gym 　意味 体育館

 gym　ym

② グ ▶ glass 　意味 ガラス，コップ

glass　lass

Hh →

文字の名前	エイチ
単語の中での主な読み方	ホ

🔊 読んで書いてみよう！

① ホ ▶ hand 　意味 手

 hand　and

息だけの音だよ。

Ii と Jj の読み方

Ii →

文字の名前	アイ
単語の中での主な読み方	イ／アイ

🔊 読んで書いてみよう！

1　イ ▶ India　意味 インド

India India

2　アイ ▶ ice　意味 氷

ice ice

Jj →

文字の名前	ヂエイ
単語の中での主な読み方	ヂ

🔊 読んで書いてみよう！

1　ヂ ▶ jump　意味 とぶ

jump jump

> くちびるを
> つきだして言おう。
> gの①の読み方も
> これと同じだよ。

Kk と Ll の読み方

Kk →

文字の名前	ケイ
単語の中での主な読み方	ク

🔊 読んで書いてみよう！

① ク ▶ king　意味 王

 king　ing

> cの②の読み方も
> これと同じだよ。

Ll →

文字の名前	エオ
単語の中での主な読み方	（舌先を歯のつけ根につけて）ル

🔊 読んで書いてみよう！

① ル ▶ lunch　意味 昼食

 lunch　unch

> 舌の先を
> 上の前歯のすぐ内側に
> つけておいて
> 声を出してみよう。

Mm と Nn の読み方

83

Mm →

文字の名前	エム
単語の中での主な読み方	ム

🔊 読んで書いてみよう!

❶ ム ▶ meat 意味 肉

meat ■eat

> くちびるを閉じたまま，鼻から息をぬきながら声を出してみよう。

Nn →

文字の名前	エンヌ
単語の中での主な読み方	ンヌ／ン

🔊 読んで書いてみよう!

❶ ンヌ ▶ sun 意味 太陽

sun su■

❷ ン ▶ pond 意味 池

pond po■d

Oo と Pp の読み方

Oo →	文字の名前	オゥ
	単語の中での主な読み方	オア／オゥ

🔊 読んで書いてみよう！

① オア ▶ office 意味 事務所，会社

office ffice

② オゥ ▶ open 意味 （〜を）開く

open pen

Pp →	文字の名前	ピー
	単語の中での主な読み方	プ

🔊 読んで書いてみよう！

① プ ▶ pig 意味 ブタ

pig ig

くちびるを閉じたあと，いきおいよく開きながら息を出そう。

Qq と Rr の読み方

Q q →

文字の名前	キユー
単語の中での主な読み方	ク

🔊 読んで書いてみよう!

1 ク ▶ question 意味 質問

 question uestion

> 単語の中ではいつもquというつづりで登場するよ。そのquは，くちびるをとがらせて「ク」と言おう。

R r →

文字の名前	アーゥ
単語の中での主な読み方	（舌先をどこにもつけずに）ゥ

🔊 読んで書いてみよう!

1 ゥ ▶ rice 意味 米，ごはん

 rice ice

> 口の中のどこにもさわらないように舌の先を少し上げたまま，声を出そう。

Ss と Tt の読み方

Ss →

文字の名前	エス
単語の中での主な読み方	ス／ズ

🔊 読んで書いてみよう!

① ス ▶ star　意味 星

star　tar

② ズ ▶ cheese　意味 チーズ

cheese chee e

Tt →

文字の名前	ティー
単語の中での主な読み方	ト

🔊 読んで書いてみよう!

① ト ▶ tree　意味 木, 樹木

tree ree

Uu と Vv の読み方

87

Uu →

文字の名前	ユー
単語の中での主な読み方	ア／ユー

◁))読んで書いてみよう!

1　ア ▶ uncle　意味 おじ

 uncle　ncle

2　ユー ▶ uniform　意味 制服，ユニフォーム

 uniform　niform

Vv →

文字の名前	ヴイー
単語の中での主な読み方	ヴ

◁))読んで書いてみよう!

1　ヴ ▶ vet　意味 じゅう医

 vet　et

fの音を作るときと
同じ口の形にしておいて，
声を出してみよう。

Ww と Xx の読（よ）み方（かた）

Ww →

文字（もじ）の名前（なまえ）	ダボリュー
単語（たんご）の中（なか）での主（おも）な読（よ）み方（かた）	ウ

🔊 読（よ）んで書（か）いてみよう！

① ウ ▶ wind 意味（いみ）風（かぜ）

wind ■ind

くちびるを細（ほそ）く
つきだしておいて，
短（みじか）く「ウ」と言（い）おう。

Xx →

文字（もじ）の名前（なまえ）	エクス
単語（たんご）の中（なか）での主（おも）な読（よ）み方（かた）	クス

🔊 読（よ）んで書（か）いてみよう！

① クス ▶ box 意味（いみ）箱（はこ）

box bo■

息（いき）だけで「クス」と言（い）おう。

Yy と Zz の読み方

Yy →

文字の名前	ワイ
単語の中での主な読み方	イ／アイ

🔊 読んで書いてみよう！

1 イ ▶ yellow　意味 黄色

yellow　ellow

2 アイ ▶ sky　意味 空

sky　sk

Zz →

文字の名前	ズィー
単語の中での主な読み方	ズ

🔊 読んで書いてみよう！

1 ズ ▶ zebra　意味 シマウマ

zebra　ebra

sの②と同じ音だよ。

まちがえたところは、
もう<ruby>一<rt>いち</rt></ruby><ruby>度<rt>ど</rt></ruby>やってみよう！

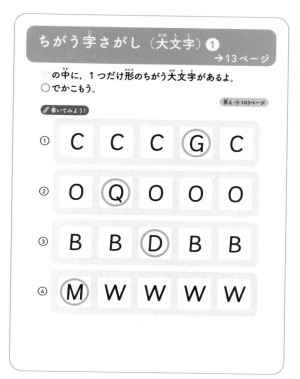

ちがう字さがし（大文字）① →13ページ

の中に，1つだけ形のちがう大文字があるよ。
○でかこもう。

答え→103ページ

書いてみよう！

① C C C **G** C
② O **Q** O O O
③ B B **D** B B
④ **M** W W W W

ちがう字さがし（大文字）② →14ページ

の中に，1つだけ形のちがう大文字があるよ。
○でかこもう。

答え→103ページ

書いてみよう！

① D D D **P** D
② U **V** U U U
③ L L **J** L L
④ M M M M **N**

とがった山は2つ
あるかな？
1つだけかな？

ちがう字さがし（大文字）③ →15ページ

の中に，1つだけ形のちがう大文字があるよ。
○でかこもう。

答え→103ページ

書いてみよう！

① E E E E **F**
② N **Z** N N N
③ **V** W W W W
④ P P **R** P P

たて線の右側にあるのは
半円だけかな？
ほかにも何か
ついているかな？

大文字の順番 ❶ →16ページ

正しいアルファベットの順番になるように，
□の中に入る正しい大文字を〔　〕の中から
1つえらんで○でかこもう。

答え→104ページ

✎書いてみよう！

① A B □ D 〔Ⓒ・E〕
② I J K □ 〔R・Ⓛ〕
③ Q R □ T 〔Ⓢ・F〕
④ G H □ J 〔Ⓘ・Y〕
⑤ □ L M N 〔J・Ⓚ〕

アルファベットは
ぜんぶで26文字，
AからZまで，決まった
順番でならんでいるよ。

大文字の順番 ❷ →17ページ

正しいアルファベットの順番になるように，
□の中に入る正しい大文字を〔　〕の中から
1つえらんで○でかこもう。

答え→104ページ

✎書いてみよう！

① E □ G H 〔M・Ⓕ〕
② U V W □ 〔Y・Ⓧ〕
③ O P □ R 〔Ⓠ・N〕
④ L M N □ 〔U・Ⓞ〕
⑤ S T U □ 〔Z・Ⓥ〕

アルファベットの
ならび順のことを，
「アルファベット順」
と言うよ。

大文字の順番 ❸ →18ページ

正しいアルファベットの順番になるように，
□の中に入る正しい大文字を〔　〕の中から
1つえらんで○でかこもう。

答え→104ページ

✎書いてみよう！

① □ N O P 〔Ⓜ・A〕
② C □ E F 〔Ⓓ・G〕
③ □ X Y Z 〔T・Ⓦ〕
④ H I □ K 〔Ⓙ・G〕
⑤ □ Q R S 〔B・Ⓟ〕

まずはAから順番に
言えるように練習してみよう。
なれてきたら，とちゅうからでも
すらすら言えるようにしよう！

大文字の点むすび →19ページ

AからZまでアルファベット順に点を線でむすんで，
絵を完成させよう。

答え→104ページ

✎書いてみよう！

大文字の迷路

→20ページ

スタートからアルファベット順に迷路を進んで，
ゴールまでたどりつこう。

答え→105ページ

✎ 書いてみよう！

アルファベットの順番（大文字）

→21ページ

正しいアルファベットの順番になるように，
□からえらんで□のところを
アルファベットの大文字でうめよう。

答え→105ページ

✎ 書いてみよう！

ちがう字さがし（小文字）❶

→41ページ

□の中に，1つだけ形のちがう小文字があるよ。
○でかこもう。

答え→105ページ

✎ 書いてみよう！

ちがう字さがし（小文字）❷

→42ページ

□の中に，1つだけ形のちがう小文字があるよ。
○でかこもう。

答え→105ページ

✎ 書いてみよう！

ちがう字さがし（小文字）❸

→43ページ

■の中に，1つだけ形のちがう小文字があるよ。
○でかこもう。

答え→106ページ

✎ 書いてみよう！

① n n ⓤ n n
② p p p ⓠ p
③ s ⓩ s s s
④ i i ⓛ i i

たて線の上に，点がついているものと，ついていないものがあるね。

小文字の順番 ❶

→44ページ

正しいアルファベットの順番になるように，
□の中に入る正しい小文字を〔　〕の中から
1つえらんで○でかこもう。

答え→106ページ

✎ 書いてみよう！

① a □ c d 〔ⓑ・q〕
② □ g h i 〔f・ⓜ〕
③ q □ s t 〔l・ⓡ〕
④ m n o □ 〔ⓟ・t〕
⑤ u □ w x 〔ⓥ・z〕

小文字も，大文字と同じ順番でならんでいるよ。

小文字の順番 ❷

→45ページ

正しいアルファベットの順番になるように，
□の中に入る正しい小文字を〔　〕の中から
1つえらんで○でかこもう。

答え→106ページ

✎ 書いてみよう！

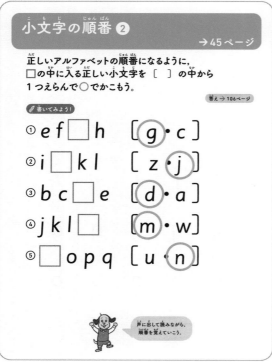

① e f □ h 〔ⓖ・c〕
② i □ k l 〔z・ⓙ〕
③ b c □ e 〔ⓓ・a〕
④ j k l □ 〔ⓜ・w〕
⑤ □ o p q 〔u・ⓝ〕

声に出して読みながら，順番を覚えていこう。

小文字の順番 ❸

→46ページ

正しいアルファベットの順番になるように，
□の中に入る正しい小文字を〔　〕の中から
1つえらんで○でかこもう。

答え→106ページ

✎ 書いてみよう！

① d □ f g 〔ⓔ・o〕
② h i j □ 〔ⓚ・x〕
③ □ m n o 〔ⓛ・h〕
④ r □ t u 〔ⓢ・n〕
⑤ v w x □ 〔z・ⓨ〕

英語の辞書には，アルファベット順に言葉がのっているよ。

小文字の点むすび
→47ページ

aからzまでアルファベット順に点を線でむすんで、絵を完成させよう。

書いてみよう！　　　　　答え→107ページ

小文字の迷路
→48ページ

スタートからアルファベット順に迷路をすすんで、ゴールまでたどりつこう。

書いてみよう！　　　　　答え→107ページ

アルファベットの順番（小文字）
→49ページ

正しいアルファベットの順番になるように、□からえらんで□のところをアルファベットの小文字でうめよう。

書いてみよう！　　　　　答え→107ページ

大文字と小文字（線でむすぶ）❶
→80ページ

アルファベットの大文字と小文字がペアになるように、線でむすぼう。

書いてみよう！　　　　　答え→107ページ

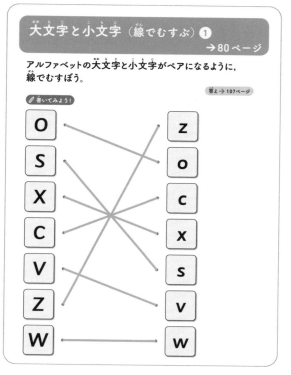

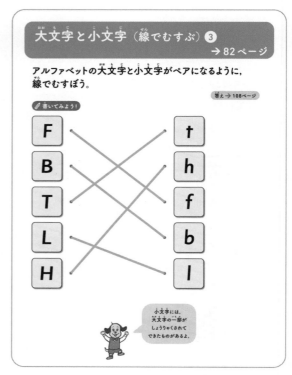

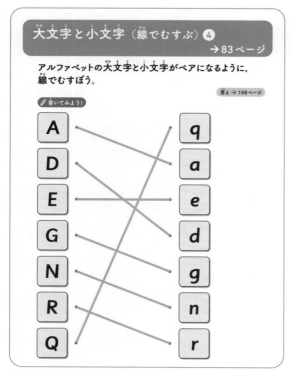

大文字と小文字（ペアをえらぶ）②
→85ページ

次の①～⑤の小文字とペアになる大文字を，
[ ]の中から1つえらんで○でかこもう。

答え→109ページ

📝 書いてみよう！

① *a*　〔Ⓐ・D〕
② *f*　〔Ⓕ・T〕
③ *m*　〔Ⓜ・W〕
④ *h*　〔N・Ⓗ〕
⑤ *l*　〔I・Ⓛ〕

大文字と小文字は
かならずペアで
覚えておこうね。

ペアで形がにている大文字と小文字
→86ページ

アルファベットの大文字と小文字の
ペアができるように，□のところをうめよう。

答え→109ページ

📝 書いてみよう！

O o　S s　V v
C c　W w　X x
Z z　I i　J j
K k　P p　U u
Y y

形がにていても，
文字の高さが
ちがうことが多いよ！

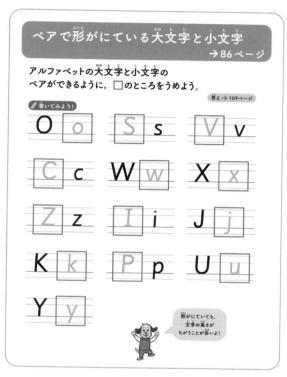

ペアで形がにていない大文字と小文字
→87ページ

アルファベットの大文字と小文字の
ペアができるように，□のところをうめよう。

答え→109ページ

📝 書いてみよう！

A a　B b　D d
E e　F f　G g
H h　L l　M m
N n　Q q　R r
T t

書く位置のちがいも
よく覚えておこう！

大文字と小文字の点むすび
→88ページ

A → a → B → b…の順に点を線でむすんで，
絵を完成させよう。

答え→109ページ

📝 書いてみよう！

ローマ字のいちらん表（ヘボン式）

ローマ字って何だろう？

アルファベットを使って日本語を書き表したものがローマ字だよ。

※⚠マークのローマ字にはほかのつづり方もありますが，この本は「ヘボン式」にもとづいています。

あ	a	い	i	う	u	え	e	お	o
か	ka	き	ki	く	ku	け	ke	こ	ko
さ	sa	し	shi ⚠	す	su	せ	se	そ	so
た	ta	ち	chi ⚠	つ	tsu ⚠	て	te	と	to
な	na	に	ni	ぬ	nu	ね	ne	の	no
は	ha	ひ	hi	ふ	fu ⚠	へ	he	ほ	ho
ま	ma	み	mi	む	mu	め	me	も	mo
や	ya		—	ゆ	yu		—	よ	yo
ら	ra	り	ri	る	ru	れ	re	ろ	ro
わ	wa	ん	n		—		—		—
が	ga	ぎ	gi	ぐ	gu	げ	ge	ご	go
ざ	za	じ	ji ⚠	ず	zu	ぜ	ze	ぞ	zo
だ	da	ぢ	ji ⚠	づ	zu ⚠	で	de	ど	do
ば	ba	び	bi	ぶ	bu	べ	be	ぼ	bo
ぱ	pa	ぴ	pi	ぷ	pu	ぺ	pe	ぽ	po

きゃ kya	—	きゅ kyu	—	きょ kyo
しゃ sha ⚠	—	しゅ shu ⚠	—	しょ sho ⚠
ちゃ cha ⚠	—	ちゅ chu ⚠	—	ちょ cho ⚠
にゃ nya	—	にゅ nyu	—	にょ nyo
ひゃ hya	—	ひゅ hyu	—	ひょ hyo
みゃ mya	—	みゅ myu	—	みょ myo
りゃ rya	—	りゅ ryu	—	りょ ryo
ぎゃ gya	—	ぎゅ gyu	—	ぎょ gyo
じゃ ja ⚠	—	じゅ ju ⚠	—	じょ jo ⚠
びゃ bya	—	びゅ byu	—	びょ byo
ぴゃ pya	—	ぴゅ pyu	—	ぴょ pyo

［つまる音］

「がっき」の「っ」のようなつまる音をローマ字で表すには，次の音の初めの文字を2つにするよ。

楽器（がっき）　→　ga**kk**i

［のばす音］

「がっこう」の「こう」のようなのばす音をローマ字で表すには，その音（a/i/u/e/o）の上に「－」をつけるよ。

学校（がっこう）　→　ga**kk**ō

タケウチ　　　　　　　　　　　　　　　マオ

Takeuchi Mao

 みょうじと名前の間は小文字の'n'1文字分くらいあけて書いてね。

✏️ 書いてみよう！ ほかにもあなたの住んでいる町の名前や
好きな日本語の言葉などを，下にローマ字で書いてみよう。